CHICAGO LAWN BRANCH
6120-24 S. KEDZIE AVE.
CHICAGO, ILLINOIS 60629

Sobreviviendo el Kindergarten en América

Un Compendio de Ideas y Consejos Para Los Padres de Futuros Estudiantes de Kindergarten

By

Melissa Guajardo

1663 Liberty Drive, Suite 200
Bloomington, Indiana 47403
(800) 839-8640
www.authorhouse.com

This book is a work of non-fiction. Names of people and places have been changed to protect their privacy.

First published by AuthorHouse 07/27/04

ISBN: 1-4184-3749-2 (sc)

Library of Congress Control Number: 2004093255

Printed in the United States of America
Bloomington, Indiana

This book is printed on acid-free paper.

Sería una tristeza inmensa
perder 5 años de la vida....

Pero más triste sería no
enseñarle a un niño en 5 años
nada de la vida...

Melissa Guajardo

Dedicación

Dedico este libro a todos los padres que han llegado a este país de diversas maneras en busca de un futuro mejor para sus hijos. Y a mi maestra de Kindergarten que me enseñó todo lo esencial de la vida.

Ya sabemos que la adaptación es ardua y escabrosa, pero no hay cosa más linda que verlos crecer llenos de alegría y entusiasmo.

Debemos siempre de tener en cuenta que nuestras raíces; tal vez en muchos casos, son algo diferentes a las que adoptaremos en este país. Deben permanecer íntegras y arraigadas a nuestros hijos lo más posible, pero siempre sabiendo que van a haber variantes a través del tiempo, ésto enseñándonos a ser flexibles según las circunstancias en que nos encontremos en la vida.

Espero que lo disfruten y les haga más placentera la tarea de entregar a sus hijos a personas tal vez desconocidas, pero dedicadas a dar una enseñanza, cariño, y comprensión a estos niños que serán como un ramillete de flores que adornarán el futuro de una nación, y podrán ponerle al mundo el ejemplo, de que no importa de dónde vienes si traes una mente amplia con padres, abuelos, y familiares que puedan ayudarlos en un mundo tan difícil lleno de tantas intrigas y peligro.

SOBREVIVENCIA es la palabra, y ésto es lo que van a aprender desde su primer año en la escuela.......

SOBREVIVIENDO EL KINDERGARTEN EN AMÉRICA

Tabla de contenido

Capítulo I

Nuestros niños nacen aquí o allá en otros paises, pero cuando les llega la edad de cinco años, los padres tienen la responsabilidad de encaminarlos hacia las escuelas, no importa si son públicas o privadas, ni de que religión o creencia, todas tienen las mismas responsabilidades, de que el niño aprenda y de que el medio-ambiente sea sano y comfortable.

Pero se ha preguntado usted: ¿Cuál es su responsabilidad al llegar a esa "determinada" escuela con su niño?

Aquí les van algunas recomendaciones:

1. Vacunas
2. Uniformes (si son obligatorios)
3. Materiales
4. Provisiones para el almuerzo del niño
5. Identificación escolar
6. Calzado cómodo y apropiado. (cordones adecuadamente largos)
   Tenis de velcro que no requiren amarrarse. (preferentemente)

7. En caso de alergias o enfermedades crónicas deben ser reportadas a la directiva o al maestro para evitar lamentaciones más tarde.

Espero que tomen en serio estas recomendaciones, y en otros capítulos les explicaré con detalles el por qué de ellas.

Después que el niño tenga su mente adaptada a estar en la escuela, mantenga contacto con la maestra. Ella debe de tener todos los teléfonos de emergencia en el aula, aunque en la oficina ya tengan el contact card. (tarjeta con información para emergencia) ¿Saben una cosa muy triste? Hay veces que los teléfonos varían y no son reportados ni a la maestra, ni a la oficina y ocurren los problemitas. El contacto con ustedes se acaba de perder............un problema potencialmente serio. Esto es primordial; cualquier cambio que ocurra debe ser reportado a la maestra y ella lo reportará a la oficina si usted no tiene tiempo.

Alergias y Enfermedades Crónicas

Me gustaría insistir en este tópico tan importante, si ustedes supieran el riesgo que encierra tener un ramillete de niños sin saber si hay algún epiléptico, asmático, o alérgico a productos lácteos, maní, o cualquier otra cosa; Acuérdense que hasta puede ser fatal en algunos casos, por eso les reitero, la maestra tiene que estar informada y alertada de todo con su ayuda.

¡ Atención! Hora de Lectura

Estas son ciertas observaciones que usted tiene que hacer cuando está cerca de su niño: Prestar atención es clave para la lectura. Después de enseñar a miles de alumnos, he llegado a la conclusión que el factor más importante que impide la adquisición del conocimiento es la falta de atención del niño. Desde el momento en que el niño escucha un cuento o historia sin comprensión hasta el momento en que el niño aprenda a leer y comprender, todos tenemos una gran batalla, indudablemente son múltiples los factores que afectan la comprensión del alumno, sea lectura o comunicación.

Los factores son los siguientes:

1. Exceso de estímulo a sus alrededores.
2. El niño no se siente cómodo y está inquieto. (ej. zapatos incómodos, frío, hambre, sueño, cansancio, etc)
3. El niño no tiene conocimiento anterior de la materia.
4. Está acostumbrado a tener un juguete o algo en las manos como distracción y seguridad.
5. No le gusta la materia de la cuál se está hablando, tal vez sea un tópico no interesante para él o ella.
6. No está acostumbrado, ni sabe la rutina de escuchar y prestar atención a lo que se le lee.
7. Al seleccionar materiales debemos de hacerlo al nivel correspondiente a la edad del niño.
8. Si la hora de la lectura es nocturna, no espere a que el niño esté tan extenuado que no pueda escucharlo.
9. Siempre haga un repaso de la lectura anterior para que así haya una continuidad y se sienta interesado en los próximos capítulos.
10. Cada vez que termine un libro haga un recuento y pregúntele cuál fué la parte que más le gustó, así sabrá si comprendió y escuchó toda la historia.

¿ Le parecieron interesantes todos estos factores?

¡ Atención! Hora de Escritura

En el caso de la escritura las observaciones son las siguientes:

> Enséñele cómo manipular el instrumento de escribir como son los lápices, creyones, plumas, marcadores, y hasta tijeras.
>
> Hacer énfasis en medidas de seguridad como no jugar con los lápices ni ponerselos en la boca.
>
> No comerse los creyones, ni tirarlos en alto. Pues de ésta manera pueden agredir a alguien.
>
> Cuidado con los marcadores, las paredes y ropas.
>
> En caso de usar tijeras que sean redondas y pequeñas pues los accidentes con ellas son drásticos y a veces fatales.

Ayúdeles a tomar ese lápiz en su mano para que sea de la forma correcta, y de ésta manera se beneficiará.

Los primeros años de la escritura son más bien creativos, lo que llamamos en Inglés "Creative Writing." Esto puede ser cuando ellos dibujan la parte que más les gustó de la historia y tal vez hagan un garabato que es algo espectacular para ellos. Felicítelo y dígale como les digo yo "una obra maestra". A "masterpiece!"

Y verá que periódicamente estará felíz de hacer esos lindos trabajitos que tanto nos gustan, mientras más practiquen sus trabajos, mejorarán, así obteniendo lo tanto deseado.

Si pueden, nunca es muy temprano para que comiencen la escritura de las letras. Aa Bb Cc Dd....... en órden alfabéticas. Llegando después a escribir su nombre.

De esta manera cuando lleguen al Kindergarten, que ya se va acercando la hora, estará más preparado y se sentirá más seguro de sí mismo cuando la maestra lo felicite al ver que ya escribe su nombre.

¡ Recuerde! No más Papito, Titica, y Puchito.

Ya llegó la hora de la madurez para todos.

¡ Atención! Hora de Aritmética

Ya hemos hablado un poco con respecto a la lectura y escritura. Ahora estoy haciendo énfasis en ésto para sobrevivir el primer año crucial en la escuela.

De esta manera quiero darles unos consejitos con respecto a la aritmética que es muy importante en la vida y por supuesto en el Kindergarten.

Enséñele al niño a contar objetos. Por ejemplo. hágalo práctico y entretenido para él, como decimos "HANDS-ON" o sea, "CON SUS PROPIAS MANOS." Cuenten uvas, manzanas, caramelitos, o tal vez chocolates. Así se verán atraídos a hacerlo, hagan secuencias de caramelos, colores, etc. Uno verde, azul, rojo, y comience de nuevo. Es muy importante que hagan patrones con ellos, en fín mucho se puede aprender de esa manera.

Una actividad que yo hago siempre con ellos es, jugando con los dedos se les enseñan 5 dedos y se les pregunta ¿Cuántos hay? después de contar del 1 - 5, y les dicen "¿ y si agrego uno, cuántos hay ahora?" Y así sucesivamente lo mismo lo puede hacer quitando que poniendo, Es increíble cómo se sienten motivados y alegres al ver cómo hay más o menos. Fíjense que están sumando y restando sin darse cuenta. Esta es otra batalla que estamos ganándole a la vida. Después se puede llevar a lo concreto practicándolo con dados, cubitos de plástico u otros Manipulativos. Recuerde, la palabra es "HANDS-ON." Así le diremos en la escuela y hay que seguir la rutina.

Ya al pasar el tiempo tendrán que reconocer las monedas y el valor de ellas, igualmente el reloj y la hora.

Pero lo primero serán los shapes o formas como el triángulo, círculo, y rectángulo para luego seguir con lo antes explicado. Ya ven que es bien fácil pero si no lo saben van a pasar trabajos y todo les puede ser mós difícil.

Más vale prevenir que lamentar, y lo mejor es solucionar y adelantar, por eso les estoy dándo un preámbulo de lo más importante académicamente antes de que el,niño se tenga que enfrentar a ello.

Estamos forjando triunfadores y a través de este libro lo comprobarán en los siguientes capítulos, que espero sean de su agrado y de beneficio para el niño.

Capítulo II

Continuemos con más consejos y sugerencias ya que el camino es arduo, pero lo haremos muy placentero. Cuando el alumno llega el primer día de clases se va a sentir solo y tal vez abandonado; después de todo nunca se ha separado de usted por cinco años. Es muy importante que los padres (con el niño) visiten a la escuela con anticipación. Preferentemente hacer esta visita a horas de escuela. De esta forma van acostumbrando al niño al nuevo ambiente. Toda la preocupación de algo nuevo y fuera de su rutina va a ser eliminado. Incluso, pueden pedir permiso para visitar un aula de Kindergarten al final del día. Claro que para eso tenemos las orientaciones de Kinder antes de empezar el curso, pero en caso de que no pueda asistir a ello trate de hacerle saber al niño de que esta es su "escuelita" y es muy "bonita," Háblele con palabras que sean del agrado de él.

Al conocer a la maestra hágale saber que usted va a "trabajar" al igual que ella en la educación de su hijo, demuéstrele interés en ayudarla en lo que haga falta, disfrute de participar en las organizaciones de padres y maestros de la escuela (PTA), asista a las reuniones, y si no puede ir, contacte a la escuela y dígales su deseo de ser un participante como voluntaria, en todo momento que esté a su alcance. Después de todo la escuela es la segunda casa de su hijo, y en ciertos casos ellos se sienten tan confortable con su maestra y compañeritos que empiezan a creer que en realidad "es" su propia casa. Es a continuación que les incluyo una lista de consejos para que exista una continuidad entre el hogar y la escuela con un éxito insuperable.

Exito Garantizado si Ustedes como padres..........

1. Mantienen firmeza.
2. Conservan una línea de comunicación fuerte y a su vez con amor.
3. Establecen rutinas.
4. Explican reglas y consecuencias.
5. Les enseñan buenos modales.
6. No demuestren agresión hacia otros delante de ellos.
7. Les enseñan el aseo personal.
8. Proveen una nutrición adecuada.
9. Visitan el doctor períodicamente.
10. Se ocupan de las vacunas de sus hijos.
11. Reportan las alergias y enfermedades de sus hijos a la escuela.
12. Celebran los triunfos con ellos.
13. Analizan las derrotas de sus hijos y aprendan de ellas.
14. Moderan el carácter frente a sus hijos.
15. Son flexibles y se adaptan a ciertas circunstancias familiares difíciles.
16. No le hablen a sus hijos en el diminuitivo.
17. Les enseñan a ser maduros.
18. Les inculcan honestidad y civismo.
19. Respetan la propiedad ajena.
20. Les prohiben tocar o agredir a otros.
21. Les inculcan el respeto a la autoridad o superiores.

22. Les despiertan su sentido de protección personal hacia el peligro.
23. Les advierten a no confiar en los extraños en ninguna circunstancia.
24. Les demuestran como cruzar la calle.
25. Les enfatizan en como cuidar sus pertenencias.
26. Les enseñen cómo hablar con madurez y respeto.
27. Ayudan a sus hijos a ser organizados en la casa y en la escuela.
28. Asisten con las tareas y proyectos de sus hijos.
29. Mantienen una actitud positiva hacia la vida.
30. Como usar el 911 y mantener la serenidad en caso de emergencia.

Capítulo III

En referencia a ese primer día de clase que tan anciosamente esperamos, ya que es el umbral de una carrera que comienza en el Kindergarten y termina en la Universidad. No importa cuántas maestras y cuántas escuelas su hijo o hija tenga en la vida. La más recordada siempre será la primera. La experiencia que ellos adquieran en Kindergarten y la estructura que se les dé en ese primer año va a ser una guía para el futuro.

Hoy en día los Kindergarten son para estructurar, aprender, y formar una vida social estable en el estudiante que lo llevará triunfante al final de su carrera.

Desde las tempranas horas de la mañana ellos estan en contacto con todo lo que está pasando en la escuela a través del circuíto cerrado de la televisión con anuncios importantes dados por los administradores y alumnos escogidos. El saludo a la bandera y respeto a ella es muy importante. En cada escuela diariamente los niños están dirigidos a seguir ésta rutina. (con excepción de los que están amparados por motivos de religión) Al terminar estos anuncios y rutina comienza el día de trabajo. Al principio cuando la maestra dice los nombres para ver quién está presente, es triste ver que muchos niños no saben su propio nombre, claro después de todo por cinco años han sido, "Papito, Puchito, Nanita, y Titica" para sus padres y familiares y ahí surge la confusión. Y no sería más fácil si ustedes como padres en cinco años les enseñaran a decir yo soy "................" Sería una maravilla que estos niños llegaran a la escuela sabiéndolo así. Y qué tal cuando hacen papeles que son obras de arte y el niño no sabe ni si quiera poner su primer nombre y la obra queda incógnita y sin reconocer, "piensenlo bien."

Han estado cinco años con ustedes. Cuántas cosas ya pudieran saber, qué una maestra tiene que enseñar en 10 meses con un grupo múltiple. Cuando ustedes teniendolos todo el día pudieran haber adelantado para que ese niño llegue triunfante, conocedor y listo para sobrevivir la batalla y ganar la campaña.

Seguimos el día..........Bueno después de lo anterior, es hora de trabajar arduamente, cantamos nuestras canciones de comenzar, nos saludamos unos a otros, sabemos los que no están presentes y decimos la noticia del día. Ahora la situación comienza a complicarse cuando hay que reconocer las letras, números, colores, días de la semana, etc......Pero si venimos "ALGO" preparados de la casa no importa en que idioma, por lo menos tenemos una idea de lo que está sucediendo.

Tomando en consideración que aún son muy chicos, como maestros hacemos todo lo posible por ayudarlos en todo momento, como cuando nos damos cuenta que el niño no está enfrascado en su trabajo, porque no tiene lápiz o creyones, les aconsejo, que revisen de diario las mochilas para ver si los niños tienen los útiles de la escuela, de esta forma pueden ayudarlos a sacarles las puntas a los lápices. Y de esa manera pueden ver si hay tareas o algún mensaje de la maestra que estén extraviados en dicha mochila. Así como las maestras los ayudan en la clase, el estudiante sintiendose seguro dará un rendimiento más grande de su labor.

Después de trabajar arduamente toda la mañana, llega la mejor hora para ellos......LUNCH TIME (almuerzo). Claro que ya la maestra tomó todas las precauciones que encierra esta odisea tan bonita. Los estudiantes llevarán su identificación colgada al cuello con el nombre y el número asignado. Este ID le facilita el trabajo a la cajera y a la gerente de la cafetería. Automáticamente le sale en la computadora a ella cierta información vital para el alumno. Información como cuál es el programa que le pertenece a su hijo.......almuerzo gratuito o con descuento. En adición, los padres tendrán la opción de pagar semanalmente y por adelantado los 5 almuerzos. Se paga el lunes y se evitan mucha confusión a la hora del almuerzo.

El menú es sano y muy variado, la primera semana la maestra almuerza con sus alumnos, así ellos van adquiriendo responsabilidad. Los que llevan lonchera, se dirigen a los asientos asignados y son ayudados por personal entrenado y madres ayudantes-voluntarias. Es muy importante que el estudiante esté entrenado a comer "SOLO." Y que sepa que no se debe de "JUGAR" con la comida, ni tirarla al piso, para así mantener un ambiente saludable, limpio, y libre de problemas.

Después del almuerzo regresan al aula para continuar la linda tarea de aprender. ¡NO! No hay tiempo para dormir la siesta. Por lo regular al llegar al aula la maestra hace que se relajen y bajen la cabeza a descansar por cinco minutos. En caso de que alguno necesite ir al baño o tomar agua es una buena ocación para hacerlo, ya que en cualquier momento del día que necesiten ir al baño lo pueden hacer ya que el baño está dentro de la misma aula.

Pasado este lapso de tiempo siempre se canta alguna canción y se prepara al niño para las labores de la tarde que son variadas, En algunos casos clases especiales de idiomas, educación física, arte, y música son incorporadas al horario.

Cuando llega la hora de la salida todos tienen el deber de recoger sus pertenencias. Claro que ya las tareas o asignaciones para la casa la deben de tener en un portafolio que sirve de enlace entre la maestra y la casa. Ese "folder" debe ser inspeccionado y hay veces que van mensajes muy importantes de la administración o del distrito escolar y a veces ciertas NOTITAS informando si el comportamiento ha sido fuera de lo común.....

Recuerden......la hora de la salida es muy importante...... ya que se compone de distintos pasos, por ejemplo:

1. Los que van en el ómnibus, tienen la rutina de que los vienen a buscar un personal entrenado. (pero si usted cambia de idea y ese día el niño no se va en el bus, lo tiene que reportar o informarselo a la maestra, por que luego nos va a faltar un "pollito."

2. Otros estudiantes se van al "after care"......Es una opción que existe en la escuela cobrando una módica cuota por cuidar y darle merienda a sus hijos, hasta que usted los pueda recoger después de sus horas laborales.

3. El resto de los alumnos están con sus maestras en un lugar asignado dependiendo de los reglamentos de la escuela. Esto es lo que llamamos "parent-pick up."

No importa dónde su hijo va ser recogido, acuérdese que en las escuelas todo es regido por un horario y no me canso de enfatizarles si la maestra le dice "¡Venga a cierta hora, por favor!" no se aparezca media hora después o 15 minutos tarde. Sería una falta de consideración hacia ella y la escuela, seguramente esa maestra cuando le entrega los niños a ustedes tiene alguna reunión con los administradores o padres. Igualmente tiene muchos papeles que poner en orden y grados que dar en sus libros, recuerden que estos son consejos de como sobrevivir el Kindergarten que lo llevarán al resto de los grados más eficientemente.

Y créame, los demas grados en este segundo hogar que es la escuela serán muy interesantes y requerirán ayuda suya y cooperación con los maestros, además de mucho entusiasmo. De todas maneras la meta es la universidad para que se realicen como profesionales y en el camino tendrán que aprender lo que la universidad de la vida les enseñe. Por eso con una mente amplia y usando mucha lógica estoy segura de que ganarán la batalla y podrán ver a su hijo como todos ansiamos. En conclusión, sabemos que la mejor herencia que se les deja es UNA BUENA EDUCACION.

Capítulo IV

En cuanto el niño llegue a la casa, por favor, tenga en cuenta las siguentes

SUGERENCIAS:

1. Comenzar el proceso de entrar a la casa. Esto quiere decir que existan reglamentos en la casa con el fin de establecer un cierto orden. No llegar tirando la mochila en la entrada y directo para el refrigerador, consecuentemente terminando en frente a la televisión comiendo sin control.

2. Hable con su hijo y pregúntele: ¿Como te fué hoy?, Después de todo este día estuvo lleno de nuevas experiencias.

3. Pregúntele por las tareas y mensajes de la escuela.

*****ADVERTENCIA IMPORTANTE******

No haga lo siguiente: preguntarle al niño "¿Como se portó la maestra contigo?" Esta pregunta es un veneno que rompe la confianza y el amor que se está forjando entre su hijo y la maestra. No inculcarle la mentalidad de "nosotros contra ellos." Esto es sumamente contraproducente. Gracias.

Si es de las casas que tienen juegos electrónicos para sus niños trate de controlar el tiempo y el tipo de juego. Que no tenga violencia. La violencia equivale a problemas de comportamiento en cualquier momento. Los niños que juegan estos juegos electrónicos violentos tienen un índice de violencia mucho más alto que lo normal. Incluso, situaciones con las armas de fuego encontradas en la casa son más propensas cuando ellos se sienten cómodos con su operación.

Las estadísticas indican que éstos niños no entienden la diferencia entre lo real y la fantasía. Ellos no saben las consecuencias reales de una descarga de un arma. La fantasía de los juegos nunca podrá simular con un ciento porciento de efecto gráfico lo macabro que es la situación.

Por favor cuide sus hijos de las armas de fuego, y de los juegos de TV electrónicos que contengan violencia. Lo mismo se aplica a las programaciones de la televisión.

La palabra es CONTROL, CONTROL, CONTROL.
¡Usted tiene que tener control, no su hijo!

Es más recomendable que hagan deportes como la pelota, tenis, o natación (supervisada). Juegos de mesa también son recomendables. Hoy en día hay mucha variedad y algunos de ellos tienen elementos de aprendizaje más elevado. Muchos de ellos ayudan a leer y refuerzan la aritmética y el vocabulario.

En la noche provéale una buena cena temprano y prepare todos los detalles para un amanecer placentero. Pero antes de dormirse, léale un libro ya que es parte de el nuevo proceso del aprendizaje y la escuela le exigirá que lo haga. No olvide de sacarle punta a los lápices, ver si necesita un nuevo cuaderno, prepare el uniforme, y sus zapatos comfortables, fíjese si necesitará un abriguito para el día siguiente. En fín, disfrute de ese ángel que Dios le ha dado, y que tan pequeñito e indefenso es, porque cuando usted menos se imagina ya estará en la escuela superior y eso es otra historia y tal vez,

OTRO LIBRO MAS AMPLIO QUE TENDRA QUE LEER.

Siempre incúlquele al niño que no se confíe de las personas que él o la familia desconocen. Dígale en inglés "Don't go with Strangers." ¿Sabe por qué? Porque en las escuelas se les enseña de esta manera. Y así él empieza a ver una transición y puede reaccionar más fácil en caso de emergencia, viendo que en los dos lugares los protegen de los extraños.

"DON'T TALK TO STRANGERS" , aunque parezcan muy buenas personas.
NO, NO, NO.........don't do it! Esta es la misión.

Acuérdese, estamos SOBREVIVIENDO la edad más crucial del niño. Todas las advertencias y las precauciones son pocas para sobrevivir la sociedad que nos rodea en cualquier parte del mundo.

Capítulo V

Si el niño va a estar ausente de la escuela por causas imprevistas déjeselo saber a la maestra para que le dé asignaciones para la casa, y las pueda llevar al viaje. O en caso que tenga que estar en la casa enfermo se puede hacer un arreglo con la maestra para hacerle llegar las tareas. Recuerde que cada día es algo nuevo que se aprende, ya no es solo jugar y cantar. Noooooo. En los Estados Unidos la educación de Kindergarten es más compleja de lo que usted se imagina. Por ejemplo, después de lo ya indicado anteriormente, como...

días de la semana
meses del año
números y figuras geométricas
el reloj y la hora
suma y resta
estaciones del año
el valor de las monedas y saber contarlas
y el indispensable alfabéto (cantado y recitado, pero tambien reconocerlo y escribirlo)

Tienen que reconocer cada letra y cada sonido de ella en inglés le llamamos "phonemic awareness". Esto significa conocimientos fonéticos. El sonido de principio, medio, y final de cada palabra tambien es vital aprenderlo. Contar las sílabas, reconocer las letras de las silabas, escribir el nombre y apellido, saber el teléfono, la dirección y el nombre de sus papás. (ésto los ayuda en caso de emergencia) Todo ésto es un proceso de aprendizaje que el niño adquirirá en corto plazo. También si es posible enseñarles a conocer el nombre de su escuela antes de llegar a ella.

Tener la coordinación entre los ojos y las manos para poder copiar de la pizarra es una destreza que hay que aprender en los primeros meses del Kindergarten. Saber manipular las páginas de un libro sin destruírlo es también algo muy importante. Ya que estamos enseñándole el amor a la lectura y por eso es tan recomendable leérle al niño todas las noches para de esta manera poder determinar qué tan alto es el grado de interpretación y atención que ellos le dan a la lectura estando expuesto a ella periódicamante,

Por ejemplo:

1. ¿Saben ellos lo que es femenino o masculino? (género)
2. ¿Y qué tal cuando es plural o singular, lo diferencian? (número)
3. Pero aún mejor enseñeles lo que es un verbo (una acción)

Aunque le parezca muy profundo para el Kindergarten, esta materia es parte del curriculum del Kinder. Al aprender el vocabulario de la letra correspondiente a la semana se verán obligados a construir oraciones junto a la maestra en la pizarra.

Por ejemplo:

1. Letra Cc.......cat........The cat is big.
2. Letra Aa......apple......The apple is red.
3. Letra Bb......bear.......I like my bear.

¿Se da cuenta ya como vamos entrando en cosas más complicadas? Pués ayude a su hijo a aprender bien las letras para que pueda construir oraciones con la facilidad de jugar un juego, y a su vez leerlas. Empezando a temprana edad cuando lleguen a los exámenes les será más fácil cumplir la meta.

Esto no es difícil para ellos ya que debido a un exámen que se les hace al entrar a la escuela se sabe el nivel de inglés en que están. Y de esta manera los que tienen el nivel más bajo ya que no tienen el idioma serán atendidos por maestros bilingües que pueden ayudarlos en todo momento, y la transición de un idioma a otro es más fácil. En casos ustedes como padres se pueden comunicar y aprender nuevas palabras con éste maestro, así podran adquirir más conocimiento de éste nuevo idioma.

Si los padres luchan junto a sus hijos pueden tomar provecho. Hay muchas oportunidades para los que quieran aprender en clases nocturnas, y cursos escolares que les pueden ayudar a librar todos estos problemitas que confrontan a la hora de hacer las tareas cada noche. Les repito—un diccionario hace milagros.

Recuerde que ese niño que hoy entra al Kindergarten le va a ayudar a usted en interpretar documentos el día de mañana. Pero si luchan juntos, todos pueden aprender a la misma vez, con la ayuda de libros y diccionarios que son tan necesarios en cada hogar. Pero más que nada el amor que hay en la familia es el que los lleva a triunfar. No se desanime. El camino es largo, pero lo van a lograr pasar.

Capítulo VI

Y ahora vamos a tocar un tema un poco delicado........

Hay niños que por cuestiones de cultura o costumbres del hogar, no ven nada malo en pegar, tocar, o molestar a los demás. Señores esto es serio y muy delicado en este sistema. Si su hijo está acostumbrado a pegar o tocar inapropiadamente hay problemas que se les avecina de todos modos.

Dígale en Inglés "HANDS TO YOURSELF". Así mismo como lo oye en Inglés. Acuérdese que hay que adaptarse a ésta nueva sociedad y así es cómo él lo va a oír en la escuela.

Cuando un niño es agresivo, siempre se piensa que es que fué criado con violencia. Hay veces que no es así, pero surgen las confusiones, desde muy chiquitos enséñele a respetar a otros, trátelo con amor, pero no deje que él haga lo que quiera y golpee a otros. Acuérdese de el viejo refrán.............. "Manos de hierro, con guantes de seda." Así es como hay que criarlos.

Cuando un niño le pega a otro niño no diga "Aaay hija, si es igualito al padre/abuelo. ¡ Que gracioso, míralo que lindo!, Ja, ja," No puede usted reforzar éste acto de VIOLENCIA, no le dé la razón y tiene que resolver el problema inmediatamente.

¿ De qué manera resolvemos esta situación? Hablándole. La comunicación entre el niño y usted es muy importante. Recuerde que tiene 5 años para hablarle antes que empiece en la escuela.....y luego no se lamente. En 5 años un árbol echa frutos, En 5 años una guerra se pelea y se gana, y en 5 años una condena se cumple. Tantas cosas positivas o negativas pueden pasar en sólo 5 años. Si le ponemos atención desde el primer minuto de vida y guiamos siempre con dignidad, honor, y respeto hacia otros, podemos evitar el tomar medidas drásticas para corregir los problemas de disciplina cuando de la escuela lo llamen a una conferencia.

Sí, en Kindergarten todo empieza a suceder. Cuando esa criatura nace, es su responsabilidad, las golondrinas no lo van a criar. Es usted con su pareja y tal vez con ayuda de otros familiares, como las famosas abuelitas, que son tan necesarias, los responsables. Muchas veces ellas pueden ayudarnos a sobrevivir encuentros y tribulaciones que la vida nos trae. Pero ustedes los padres son los que tienen la gran responsabilidad de guiarlos y darles buenos ejemplos. Si ellos ven peleas, discusiones, golpes, alcoholismo, adicción a drogas, eso es una huella para toda su vida. Por supuesto. que ellos son muy tiernos y tal vez no van a decir nada. Pero como unas esponjitas van a absorver todos los malos ejemplos que se les está dando.

En cambio, cuando ven amor, comprensión, y respeto (siendo estas las palabras clave) entre los familiares, vecinos y amigos los hacen sentir seguros y respetados.

Tenemos que tomar en cuenta que en este país las leyes son justas y cuando hay violencia doméstica, hay ayuda de las distintas instituciones, que son dadas al que las solicita, inmediatamente, con sólo una llamada tendrá a una visitadora social que la guiará en caso de una emergencia.

Si un niño es golpeado por un adulto, tiene el derecho de ser ayudado, y la escuela y los profesionales que trabajan en ella estan obligados a reportarlo a las autoridades. Pués para qué buscar problemas. Tratemos de llevar una vida placentera y llena de amor. Comunicación es la palabra. Hablemos todos entre sí. Busque ayuda. No usen la agresividad. Esto los pueden llevar a un final trágico, y después de todo estámos tratando de sobrevivir, ¿no?

Capítulo VII

Después de resolver el abismo que encontramos entre el comportamiento del niño que a veces es un modelo en la casa, y en la escuela se rompe el molde. Hay que ver si es el reunirse con otros, el que lo lleva a ese problemita. Estrategias serán aplicadas en el aula y en la casa y si es necesario consejería se le dará a travéz de la escuela con el personal apropiado.

¿ Pero qué tal cuando el problema es cuestión de aprendizaje, y los padres no ven que él actúa de diferente manera a otros a su alrededor? Les repito una vez más, no esperen a que la maestra los llame y les diga "su hijo está trabajando por debajo del promedio". ....

"BELOW GRADE-LEVEL"

Usted es la persona responsable de esa criatura y cuando lo lleva al médico debe de pedir una evaluación para que así salga de la duda. Porque cuando la maestra y usted decidan que la escuela lo evalúe, le va a tomar casi un año. Esto es tiempo perdido. Facilitando la información a tiempo al niño se le puede dar la ayuda necesaria y a su vez ponerlo en su respectivo nivel.

Nuestro tesoro ha nacido. Es una preciosa niña y se parece a su mamá...
Nuestro querubín ha nacido. Es un bello niño igualito a su papá.......
Todo esto es natural, todos regocijados, ¿Y cuánto pesó?
¿ De qué color tiene los ojos?
En fín, todo es un paraíso y alegría en la casa.
Pero acuérdese de preguntarse inmediatamente
"¿ Esta criatura tiene las carateristicas normales y se desarrolla apropiadamente?"

Es muy importante que no viva con sospechas e intrigas, exponga todas sus dudas a pediatras. Ya que hay veces que una evaluación a tiempo le pueda ayudar el resto de su vida a esa criatura indefensa y así tendrá una vida mejor. Todos queremos el bienestar para los niños y en este país la educación especial está muy adelantada. Si califica para ella, no lo piense. Acepte la gran oportunidad y su hijo crecerá libre de frustraciones y aprenderá más facilmente.

Por ejemplo: Hay padres que llegan al Kindergarten y el maestro nada más de ver al niño se da cuenta lo hiperactivo que es. Los síntomas son los siguientes:

1. Todo lo toca sin conocer el lugar o las personas.
2. Brinca y salta sin control.
3. Habla excesiva y compulsivamente.
4. No puede entablar una simple conversación.
5. Se apropia de lo ajeno con facilidad y naturalmente.

Es como si llegara un torbellino al entrar él, al punto de que la maestra dice "¡ Dios mio!, ¿Y ésto que es?" Y la madre se rie y dice "Papito está un poquito malcriado, pero imagínese criado con la abuela, y yo trabajo todo el día......... ya usted sabe maestra como es este país...Pero no se preocupe le doy autoridad para meterle un cocotazo si se porta mal."

¡ NO. NO. y NO!

¡ Eso es inaceptable!, No le eche la culpa a la abuela, que está ya para descansar y ayudar en lo que pueda. No deje que nadie tome las riendas de la crianza de su hijo, que está causando trastornos donde quiera que llegue. ¿ Le mandó a hacer una evaluación psicológica a esa criatura? Piense usted cuál es el patrón de vida que estan llevando en la casa, hable usted con él y adviertale las consecuencias que puede traer el mal comportamiento. Hay muchos factores que pueden ser los responsables de un niño con mala conducta.

Tiene que trabajar con un plan de comportamiento positivo. Porque en Kindergarten usted lo va a ver como que el niño es "tremendo". Pero cuando llegue a sexto grado se va acordar de lo que está leyendo. Guíelo y edúquelo, no se lo deje todo a la maestra. En un aula hay decenas de alumnos y la maestra tiene que cumplir un curso de enseñanza y son muchas las diferentes costumbres y culturas que tienen esos niños a tan corta edad. Por eso desde que nacen hay que tener un patrón de responsabilidades y comportamientos para su hijo para que así luego no se lamente.

Vamos a suponer que los psicólogos le digan a usted que su hijo es de inteligencia superdotada. Ahora cambia todo. Desde corta edad usted ha notado que el niño tiene madurez y es responsable actuando de una forma independiente e inclinandose hacia los libros con gran interés, al punto de que a corta edad comienza a leer. Su nivel de comunicación es extraordinario y su inteligencia es elevada. Esas son algunas de las características de un niño superdotado. Y en cuanto sean desplegadas tome ventaja de la vida, incremente sus conocimientos, elévele al máximo el auto-estima. Hágale una evaluación para que en la escuela lo pongan en el programa Gifted (niños superdotados), en caso de que la escuela tenga ese programa vigente y sea aceptado después de un segundo exámen.

Tenemos tambien los niños que no pueden concentrarse para llevar acabo sus labores diarias, aunque su comportamiento no es el mas apropiado debido a su frustraciones, tampoco es de los más indisciplinados.

Es recomendable que el pediatra lo vea y determine cuál es el mejor plan médico para que se concentre y así salga triunfante en su vida académica y social.

¿ Ya se ha dado cuenta usted que la labor de un maestro en Kindergarten es ardua? Con tantas categorias de niños en una misma aula, pero si los padres ayudan facilitando que el camino sea el apropiado, el beneficiado será el niño. Para que así el futuro siempre les sonría y puedan ser ciudadanos del mundo con orgullo y dignidad, reconociendo que sus padres fueron guías para iluminarles la vida en todo momento.

Capítulo VIII

Entre los múltiples métodos de enseñanza que nuestro curriculum nos exige, podemos tomar en consideración la tecnología. Las computadoras (organizadoras) son parte ya de la vida cotidiana y sabemos que al controlarlas pueden hacernos la vida más placentera.

El niño a su temprana edad, al llegar a la escuela, es instruído de una manera amena debido a su inmadurez. Esto es un modo moderno y eficaz para la vida contemporánea.

Los programas de lectura o aritmética son seleccionados para el grado correspondiente, por ejemplo, en Kindergarten se les enseñará a contar artículos y a leer palabras monosílabas y las rimas de ellas mismas. Así sucesivamente van pasando los años y al llegar al verdadero mundo de las finanzas y tecnología global ya son expertos en ellos.

Los alumnos que entran y no saben el idioma, son ayudados con programas adecuados para ellos. Teniendo instructores certificados en diferentes idiomas de acuerdo a sus necesidades.

La meta de la enseñanza primaria es hacer que el niño se forge como buen estudiante y futuro ciudadano de este país, con todos sus derechos como el derecho al voto y a exponer sus ideas con libertad y soberanía. Es por eso tan importante que en las escuelas se les enseñe el patriotismo y civismo para con la patria y sus semejantes.

Es muy fácil, siempre dígale al niño "Dí la verdad, no ocultes tus sentimientos pero hazlo sin herir a tus semejantes." Siendo todos un poquito diplomáticos la vida puede ser más llevadera. Por eso desde pequeños hay que enseñarlos y así creciendo con la verdad y civismo ellos mismo se realizan como los ciudadanos de primera categoría que tan anciadamente los padres queremos lograr.

¡ Qué lindo cuando los vemos marchar en la primera graduación de Kindergarten! Y piense que aún le faltan la de Primaria, Secundaria, Bachillerato, y al fín la Universitaria. ¡ Es como un sueño hecho realidad! Recuerdan cuando al principio del libro les dije, "el camino es arduo y escabroso." ¿ Cuántos años, cuántas historias bonitas? o a caso algunos malos ratos y contradicciones en el camino, pero valió la pena ese pequeño querubín está preparado en la vida para ir al mundo competitivo y demostrar, luchar, y obtener lo que tanto han soñado y planeado.

Siiiiiiii, llegó la hora de ir en busca del profesionalismo, con dignidad y fé en la vida, con orgullo y bondad para lograr el máximo. ¿ Pero qué pasa con aquellos padres que tanto ayudaron a la crianza y educación de aquel niño indefenso y pequeñito? Bueno les llegó la hora de pensar un poquito más en ellos. Aprendieron algo del nuevo idioma en esta nueva patria. Tal vez puedan ahora dedicarles un tiempo a la computadora, mecanografía, o algo por el estilo que les guste aprender.

Es por eso que existen las clases nocturnas que les pueden ayudar de mucho y a su vez levantarles el auto estima. Acuérdense que tal vez ya pronto vengan los nietos.... Y como dice la canción,

"VOLVEREMOS A EMPEZAR".
Aproveche su vida y haga lo mejor de ella.

Si sobrevivimos el Kindergarten y el resto de la educación, ya es hora de que ustedes demuestren lo mejor de ustedes mismos.

Es por eso que les dedico este libro, con gran cariño y esperanzas de que puedan forjarse un mundo mejor para el bienestar de todos, Y así poder engrandecer esta nueva patria para ustedes, y esta gran nación para todos, incluyendo a esos alumnos de kindergarten que llegaron indefensos y pequeñitos a una escuela donde siempre tuvieron una maestra que los ayudó, guió, y amó.

Capítulo IX

Quiero hablarles un poquito de otro tipo de SOBREVIVENCIA. Debido a las vueltas que ha dado la vida y después del 9/11 nuestro mundo ha sido plagado y golpeado por el terrorismo y problemas globales.

A pesar de que su "mayor tesoro" aún está pequeñito y ustedes creen que no entiende lo que está pasando en el mundo, no lo crea así. Cuando asisten a la escuela recibirán nociones de muchas cosas que pasan a diario en el mundo. A su vez van a ser entrenados con sus maestros a cómo actuar en caso de emergencias. Sí, la palabra que nadie quiere oir "emergencia".

En dicho caso los anuncios que el director del plantel impartirá como medida de precaución con un código para cada situación.

A veces es para un tornado, terremotos y extraños dentro del perímetro o algo que hoy en día ya es rutina. Pero cuando es caso de terrorismo el niño tiene que saber lo que tiene que hacer inmediatamente y por eso se les instruye y ayuda a desarrollar ese instinto de alerta y sobrevivencia. Con la ayuda de ustedes como padres, ya ellos pueden tener nociones de que hacer en dicho momento. Sería algo como lo siguiente:

El director asume control del alto-parlante y repite una frase clave.

Los maestros y ocupantes del plantel estan instruídos para una acción inmediata y específica.

Los alumnos tambien saben lo que tienen qué hacer. Esto se practica periódicamente.

Por favor, si ustedes ven que la escuela está cerrada, sin movimiento ..... no se alarmen. Esto es parte del entrenamiento de seguridad para todos. Incluso, hay veces que van a descubrir que todos los ocupantes de la escuela están parados afuera en la acera. Esto es la práctica para una evacuación de fuego o fuga de gas. Tampoco se alarmen. Estas prácticas son monitoriadas por tiempo y eficacia. Si la directiva no lo consideradaron aceptable, entonces lo van a tener que repetir.

El niño siendo maduro y responsable puede salir con mayor provecho de la situación. Si la maestra les dice "tienen que permanecer bajo las mesas y cubrirse la cabeza" .... hay que hacerlo. Es por el bienestar de ellos. Pero si no hay raciocinio de parte de ellos, ahí comienzan los problemas por la inmadurez que tienen.

Todo esto no es cuestión de susto o alarmarse, no es de decir "eso no pasa en América." En este país como en cualquier otro ya estamos expuestos a diversos actos de violencia. Los maestros tienen muchas responsabilidades hoy en día.....curriculum, materiales, papeles, grados, comportamiento, conferencias, evaluaciones, y demás. Pero lo más importante es LA SEGURIDAD de esa criatura.

Es como la gallina con sus pollitos. Lo mismo se les alimenta, se les cuida y se les instruye. La responsabilidad es mucha, pero el amor y el deseo de que triunfen es más profundo.

Por si no lo saben, hay países en este bello planeta que requiren máscaras de gases lacrimógenos y contra agentes biológicos y químicos por que las guerras de extremistas controlan la seguridad de esos niños. Es por eso que los gobiernos hacen una labor extrema para que la seguridad perdure y todo siga su normalidad.

Aún no tenemos esos grandes extremos en América. Pero sí les garantizo que la administración y facultad de las escuelas están en alerta para resolver cualquier tipo de emergencia que pueda surgir.

La sobrevivencia del alumno es lo primordial, sin eso, no podemos seguir adelante. Ellos son el futuro de América y del mundo y su hijo es parte de ese legado. Se los digo y recuerdo en cada capítulo....... ¡ La batalla vale la pena lucharla!

Capítulo X

Si nos ponemos a pensar seriamente en tantas cosas que la vida nos encierra, podemos llegar a la conclusión de que lo que pueda afectar a uno índirectamente es parte de lo que pueda afectar directamente a todos. Esto si lo ponemos en práctica y enfatizamos en el comportamiento y respeto hacia nuestros semejantes, puede ayudar positiva o negativamente.

Por ejemplo:

Si un progenitor está teniendo una conducta indigna de ser padre, la vida lo llevará al castigo, especialmente en América. Hay leyes muy firmes hacia este tipo de conducta en este país. Hemos visto casos en que los padres violan, maltratan, y abandonan a sus hijos. "Acuérdense, y en esto no hay duda" las leyes se implementarán y caerán sobre esa persona con todo el rigor merecido.

El niño es inocente e infantil. Tal vez en un momento dado es víctima de la innomínia que esa persona le está haciendo o proponiendo. Pero recuerde que de seguro, tarde o temprano el niño ¡ HABLARA! Ya sea con su maestra u otro miembro de la familia o amigo. Se descubrirá el hecho y la responsabilidad legal del maestro es de reportar el incidente a las autoridades correspondientes.

Cualquier tipo de conducta obscena o abusiva que se tenga hacia esa criatura, no importa la edad, las condenas son grandes, y créanme tiene el riesgo de perder a ese hijo ya que las autoridades actuarán inmediatamente y las investigaciones no culminarán hasta que la verdad salga a relucir.

El abuso infantil en otros países es algo tal vez, muy natural. En este país no es permitido. Incluso, puede traer cargos legales, incluyendo cárcel. Los tiempos de darle con el cinturón o la chancleta al niño ya se acabaron.

Repito......se acabaron.

Los maestros y personal de todas las escuelas (públicas y privadas) están entrenados a detectar las mós mínimas señales de abuso. Ya sean moretones en la piel, rasguños en el cuerpo. dolores inexplicables, vendas misteriosas sin sangre visible, u otro tipo de laseración.

Por eso les repito.........¡ NO LO HAGAN! .... DON'T DO IT!!!

Si no lo han hecho, ni lo piensen. ¡ No!
No digan, "Ay que horror, ni pensar en eso."

¿Y a caso sabe usted si hay alguien al cuál usted no le puede leer la mente pero ya está con ese pensamiento en ella? Tantos casos suceden a diario que tal vez pudiera escribirles otro libro con respecto a ello.

Ahora sólo me queda decirles, cuiden a sus querubínes que Dios les ha mandado y que les ha brindado tanta felicidad durante este tiempo.

No se confíen en nadie y si hay algún caso de sospecha que usted tenga, acuda a alguien que los pueda ayudar, por eso existen múltiples organizaciones. La frase en éste caso es

NO TENGAN MIEDO..DON'T BE AFRAID

Estamos hablando de SOBREVIVENCIA en Kindergarten, y por eso sobrevivir en este caso es primordial para la felicidad del niño y de usted.

SOBREVIVENCIA = VALENTIA

Sea valiente y defienda lo que es de usted. Después de todo la semilla se la implantaron, la llevó adentro y le dió luz al mundo.

¿ Pero qué tal si es lo contrario? Y la que abusó fué la que le dió el ser al niño. ¿Ahí todo varía. NO? Efectivamente, tenga en cuenta que lo que importa es el bienestar del niño. Usted como padre está en todo su derecho de pedir ayuda también. No tenga miedo. La verdad saldrá a relucir y el niño permanecerá triunfante y protegido.

Pero las cosas hay que detectarlas a tiempo para poder sobrevivir a estas situaciones. Vigile por síntomas de abuso. Si la personalidad del niño cambia de momento, su salud se está depauperando. ¿ Está triste? ¿Tiene alérgias repentinas en la piel? ¿ No puede estar parado o sentado tranquilo?

En fín, hay señales y sospechas. (Claro que no quiere decir que todos diagnostiquen violación o abuso) pero hable con él. La comunicación es lo mejor que existe en la vida.

AHORA LES VOY A DAR UNAS SUGERENCIAS Y CONSEJOS:

Puede usar un teléfono de juguete...y preguntarle al niño.

"¿ A ver, tienes algo que decirme?
¿ Cuéntame, tienes algún secretito guardado?"
O puede darle una cajita, y dígale:
"Hoy vamos a ver cuáles son los secretitos
que tienes guardados en ésta cajita."

Probablemente si hay algo oculto, lo empezará a explicar. Déjelo que hable. Sea un oyente más que nada. Si no descubre nada de peligro—–- ¡ magnífico! Así pudo compartir de una manera diferente con su hijo cosas que le alaguen y tendrá la seguridad de que en un futuro, si ocurre algo fuera de lo normal, el/ella buscarán la cajita la abrirá y le dirá "aquí tengo un secretito que quiero compartir contigo, mami."

¿ Le gustó la idea?

Pues ya ve lo fácil que estamos buscando como
SOBREVIVIR EN LA VIDA
y no únicamente en el Kindergarten.

Muchas personas se preguntarán, ¿ y por qué yo he de comprar un libro que me enseñe y ayude a la crianza de mis hijos, si hasta ahora yo lo he sabido hacer excepcionalmente y aún no he tenido problemas? (O acaso se preguntarán) ¿ Y que tan difícil puede ser estar en el Kindergarten en América, si hay tantos niños que pasan por él y es un proceso natural?

Es por eso que en capítulos anteriores he incluído consejos y sugerencias que tal vez sean de provecho para que ustedes puedan seguir siendo tan buenos padres como lo han sido o puedan mejorar el proceso de la crianza de sus hijos.

Si no estamos seguros de como controlar las situaciones en cada momento en que nos lleguen en la vida, hay tiempo aún de poder implementar un plan de contingencia junto a nuestro cónyuge. Es muy importante mantener el auto-estima a un nivel bien alto. Y a su vez se pueden cambiar muchos métodos en la casa y comenzar a cumplir nuevas tareas con nuestros hijos.

Tal vez usted sea de las personas que puedan decir "lo he hecho todo como debe de ser, estoy "CASI" segura de que mi hijo será un triunfador cuando empiece la nueva hazaña del Kindergarten."

Esta primera etapa de la vida que tantos creen tan sencilla, es posiblemente, la más ardua y difícil en la vida de este angelito. La separación de sus padres durante un largo día extrañando sus juguetes y pertenencias, es un cambio radical para ellos. Pero les aseguro de que los frutos serán recogidos en abundancia si todos cooperan y siguen los consejos que les doy en este libro.

Conclusion

Es con gran realismo y entusiasmo que llego a la cima de este libro. Espero que sea del agrado de todos, pero más que nada, les sirva como una guía que los oriente en la crianza y enseñanza de sus QUERUBINES "así les llamo siempre," ya que son ángeles que Dios les ha mandado y es el deber de ustedes como padres de guiarlos, ayudarlos y enseñarles el camino de la vida. En éste caso siendo el Kindergarten nuestra primera meta y experiencia fuera de la casa, en que ellos van a confrontar el mundo.

Es por eso que deben de estar preparados y entrenados a tiempo.

Trabajen con sus maestros, consejeros y personas capacitadas, en caso de que lo necesiten algún día, tengan sus mentes y corazones abiertos a la vida. Vean la realidad desde varios puntos de vista, siéntanse orgullosos de ese fruto que ayer fué solo una semilla que pronto creció como un árbol y floreció, sí, así es la transcisión de la vida, y ella nos lleva a recoger frutos buenos o mejores. Siiii porque no hay frutos malos, es sólo un proceso de superación el que nos lleva a mejorar; ayúdenlos y sean enérgicos en la crianza.

Siempre he usado un refrán ANTIGUO, que pertenece a algún sabio....

"MANO DE HIERRO CON GUANTE DE SEDA."

Analícenlo y los ayudará, quiéranlos y luchen junto a ellos.

Acuérdense que ellos también darán semillas y árboles
que darán frutos
MEJORES.

Dedico Estas Líneas a Los Maestros de América

A mis colegas que deseen leer este libro, les dedico unos consejos con el mayor respeto y admiración. Nuestra profesión es algo que nos nace, y hemos venido a este mundo a darle a los niños; que son lo más importante en la vida, nuestras energías positivas. Como les he dicho a los padres anteriormente, el camino es arduo pero los esfuerzos no serán en vano y serán remunerados. Cuando vemos a ese alumno que en las primeras semanas se nota dudoso y tambaleante y luego vemos la diferencia al final del año escolar, ya estando fuerte, seguro, y determinado a luchar por el futuro. Es una satisfacción muy grande y véanlo siempre así.

Yo recuerdo que mi abuelita siempre decía que EL MAGISTERIO ES UN SACERDOCIO, pués la dedicación, entereza, y amor son los adjetivos comunes en las dos luchas en la vida.

Sigan siendo dedicados y profesionales en la enseñanza dándole siempre amor al niño así él se sentirá protegido y lo recibirá, y a su vez lo dará él también a cambio.

Comuníquense con los padres en todo momento. Hagan un puente de la casa a la escuela y así podran trabajar juntos y con mas ahínco. Si surgen problemas, a tiempo los resuelven juntos, y si hay éxitos disfrutenlos unidos también.

Prosperen y crezcan profesionalmente, no dejen que nada ni nadie obstruya esa integridad a la enseñanza. Disfruten de cada momento que la vida les dá, Pués uno nunca sabe si será el último de ella.

Cumplan con los requisitos, leyes y estrategias que le dan sus superiores. Ellos también tienen una labor que cumplir para que el plantel marche con armonía y precisión.

Cuiden su salud física y mental, ya ven que hay ocasiones en que tenemos algunas frustraciones y en ese momento recuerden éstas palabras:

SEAN FUERTES y PROFESIONALES.

"Los niños son la esperanza del mundo, como decía José Martí:" "¿Pero que esperanzas hay, si no hay profesores capacitados, estrictos, y comprensivos?"
NOSOTROS SOMOS LA VERDADERA ESPERANZA DEL MUNDO, los que enseñamos a esos niños y a los padres a veces también, a aprender y a SOBREVIVIR en la vida intelectual y cotidiana.

Mi respeto y cariño para todos los que luchan en las aulas, haciendo que ésta nación crezca y prospere.

Mi respeto y cariño para todos los que trabajan arduamante, no importa el nivel educacional. Los que aún después de ocho horas de enseñanza llevan papeles a la casa para continuar la labor y además preocupaciones y pensamientos para hacer mejor labor el próximo día.

Mi respeto, cariño, y admiración a los "ya retirados." Que lucharon en otras épocas, que nos han servido de experiencia y han sabido ser mentores de muchos. ¡Gracias a todos!

Sigamos luchando juntos construyendo una niñez mejor y más capacitada y apta para los retos del futuro, con la tecnología y equipos modernos, pero lo más importante con el AMOR, PROFESIONALISMO, y ENTEREZA que nos caracteriza a todos como

MAESTROS.

Gracias en Especial

Le doy las gracias primero que nada a Dios, y a mi familia que me han sabido complacer en todo en la vida. Además a mis alumnos que he disfrutado de ellos en tantos años de pedagogía. Esta magnífica obra del magisterio es una obra llena de amor, entusiasmo, y bondad para todos ellos.

Gracias Mil........
A mis mentores y colegas quienes con sus consejos y enseñanzas logran verme como lo que considero una persona realizada en mi profesión y en mi propia vida.

Dr./Dra. Espinosa (Colegio de Pedagógos en el exilio y mentores)
Profesores: Pedro Capote, Joann Surrency, Gloria Cáceres,
Shirley Massey Prof. Rolando González
Directoras: Dra. Gloria Fisher, Migdania Vega, America Bermúdez,
Sherry Krubitch, Grace Cerra
Florida Memorial College: Coordinadora Gladys González,
Asistente Dominica Alcántara,
Colegas Universitarios

M-DCPS Sra. W. Young Ast. Superintendent, Mr. Nelson Perez,
Charlene Burke M-DCPS Certification Dept.,
Mr. Carlos Delgado, Coordinador/PTSA ,
Oscar Fragas, M-DCPS ESOL Dept.
Profesora Hortensia Orosa (mi maestra de Kinder)
Mrs. A. Valladares, Consejera Retirada, Everglades K-8 Center
Mrs. Yolanda DeBlanco, Consejera Retirada, Seminole Elementary
Sra. Luz Martinez, text revision

y a todos los que han hecho posible
que éste libro sea una guía para ayudar
a todos los que deseen leerlo con una
mente amplia y positiva.
Esperando sea una ayuda para las
futuras generaciones

****

De pregones hay pregones,
tal véz de frutas, hierbas, o flores.
Pero aquí les va el pregón de un maestro
en sus arduas labores.

El Pregón de un Maestro

Vendo alegría de niños,
Risas y alboroto,
Vendo el cariño de un niño,
Y el corazón aún no roto.

Vendo el cariño de un maestro,
la energía y fortaleza,
Vendo la fuerza y entereza
Para poder triunfar
En esta naturaleza.

Vendo el orden y la destreza,
Para poder enseñar,
Siendo de esta manera,
Que el mundo pueda triunfar.

Y a su vez en nuestras escuelas
Los niños puedan estudiar.

Melissa Guajardo

When you
Enter this
Little cozy room
Consider yourself
One of the special and wonderful
Members of a group who
Enjoys learning and working together.

Esta es una de las tantas maneras en que ustedes se sentirán.

BIENVENIDOS diariamente al entrar a la clase de Mrs.G

¡ Querer es Poder!

Hace unos años asistí a un Seminario de Escritores muy famosos y de gran prestigio nacional, llamado, The Zelda-Glazer Writing Institute.

Fué allí donde con gran profesionalísmo y distinción nos instruyeron e instaron a no tenerle miedo a la pluma.

Como decía Cervantes en El Quijote... "La Pluma es Lengua del alma...."

Desde niña siempre me gustó escribir poemas, párrafos y composiciones, después de todo tuve las mejores maestras de gramática en mis antiguas escuelas (La Milagrosa y Arturo Montori). Aún las recuerdo a todas con gran admiración y respeto.

En mi mente siempre abrigué la idea de algún día escribir "un libro". Es por eso que al estar disfrutando de mi carrera como maestra tomé la decisión de compartir una breve sinopsia de cómo los niños se desarrollan en el Kindergarten en América.

Los dejo con una idea muy profunda de cómo "Querer es poder." Tal vez uno de sus niños en algunos años más, puedan seguir éstos pasos y desarrollar sus abilidades creativas, ya sea escribiendo o expresandose libremente a las multitudes en una forma global.

De esta manera estaremos creando no sólo escritores si no embajadores de un mundo mejor.

Paso a Paso Momentos Inolvidables en el Kindergarten

1. Nombre del niño/niña_________________________.
2. Escuela __________________________________.
3. Maestra ________________________________.
4. Fecha en que comenzó el Kindergarten _________.
5. Maestros Especiales

   ____

   ____

   ____
6. Mis amiguitos preferidos

   ____

   ____

   ____
7. Mi comida favorita en la cafeteria.

   ____

   ____

   ____
8. Mi primer Open House.

   ____
9. Actividades Favoritas

   ____
10. Mi graduación de Kindergarten

    ____

    ____

Notas

La Autora

Melissa Guajardo, o "Mrs. G" como sus alumnos le llaman cariñosamente, es actualmente maestra bilingüe de Kindergarten ESOL y maestra de corazón. De familia Cubana, ella es la número 17 en tres generaciones de maestros, escritores, profesores, e inspectores de escuelas en la antigua Habana.

La enseñanza es la gran pasión de su vida. Ella fué mentor de los Futuros Educadores de America y premiada con La Orden Académica Don Miguel De Cervantes Saavedra en 1998.

Melissa y su esposo Roy tienen 3 hijos. Los gemelos Richard y Randy son administradores y el mayor Roger es maestro, escritor, e instructor de Sobrevivencia de Bosque. Su libro, Sobreviviendo el Kindergarten en América, es un gran orgullo para todos sus familiares.

Printed in the United States
45917LVS00006B/97

9 781418 437497